D1664134

Antonia Sonntag & Hans Glader

Rosige Aussichten

Zu Besuch im Mutter-Tochter-Garten

Antonia Sonntag & Hans Glader

Rosige Aussichten

Zu Besuch im Mutter-Tochter-Garten

Mercator

Inhalt

Impressum

Texte: Antonia Sonntag

Fotos: Hans Glader
außer: S. 80, S. 81 oben, S. 87, S. 90 rechts, S. 102 (Brigitte Braam);
S. 9 unten, S. 10 oben rechts und unten, S. 11 links oben und unten, S. 15,
S. 56, S. 71 rechts, S. 88, S. 101 (Silke Imig-Gerold); S. 66, S. 72/73 (Cornelia
Langreck); S. 67–70 (Jutta Nagels)

Redaktion: Susanne Nagels

Korrektorat: Valerie Hetges

Layout: Sabine Ernat, Dorsten

Druck: LUC Medienhaus, Greven

Bibliografische Informationen der Deutschen Bibliothek:

Die Deutsche Bibliothek verzeichnet diese Publikation in der Deutschen
Nationalbibliografie; detaillierte bibliografische Daten sind im Internet über
http://dnb.dnb.de abrufbar.

© Mercator-Verlag 2018

www.mercator-verlag.de

ISBN 978-3-946895-17-6

Herzlich willkommen im Mutter-Tochter-Garten

Zwei Generationen, eine Leidenschaft: Elisabeth Imig und Silke Imig-Gerold harmonieren nicht nur als Mutter und Tochter. Sie sind auch als Gärtnerinnen ein eingespieltes Duo. Jede beackert ihr eigenes Stück Land, und doch erschaffen sie so eine gemeinsame Gartenwelt.

DIE MUTTER

✤

Elisabeth Imig, Jahrgang 1943, hat die Leidenschaft fürs Gärtnern von ihrer Mutter geerbt, die einst Blumensträuße auf dem Markt verkaufte. Als Zehnjährige begann Elisabeth, ihre eigenen Beete zu beackern. Ein Leben ohne Grün wäre für die gelernte Bäuerin nicht denkbar. Fragt man sie nach ihrem Hobby, kommt die Antwort in Sekundenschnelle: »Der Garten natürlich!« Dort ist sie nicht nur mit Werkzeug anzutreffen. »Ich kann auch sehr gut in der Horizontalen bleiben.« Dann wird im Liegestuhl unter dem Nussbaum entspannt. Und was macht Elisabeth Imig, wenn sie nicht im Garten ist?

»Ich liebe telefonieren und Auto fahren.«

DIE TOCHTER

✤

Silke Imig-Gerold, Jahrgang 1966, hat schon als Kind ihre eigene Gartenecke gehabt. Sie ist gelernte Bankkauffrau, hat einen erwachsenen Sohn und wohnt mit ihrem Mann im umgebauten Kuhstall des früheren Bauernhofes. Neben dem Garten gibt es jede Menge andere Hobbys. Zum Beispiel lesen, reisen oder auf dem Fahrrad unterwegs sein. Außerdem hat die Tochter ein Händchen für Dekoration. »Ich mag schöne Dinge!« Auf Trödelmärkten findet sie hübsche Vasen oder Töpfe, die dann mit den Schätzen der Natur geschmückt werden. Wenn das Wetter mitspielt, beginnen Silkes Tage im Garten.

»Ich liebe es, draußen zu frühstücken.«

*E*s gibt Orte auf dieser Welt, die haben etwas, das nur schwer in Worte zu fassen ist. Eine eigentümliche Einzigartigkeit, die Menschen in ihren Bann zieht, ohne dass sie auf die Schnelle ergründen können, warum das so ist.

Wer dieses außergewöhnliche Fleckchen Erde erleben möchte, der muss nicht zur Fernreise aufbrechen. Mit dem Auto ist das kleine Paradies aus dem Ruhrgebiet in einer knappen Stunde erreichbar. Immer dem Horizont entgegen. Kurz bevor der Himmel die Erde küsst, geht es auf der Bundesstraße 9 in Richtung Kleve links ab, dann noch einmal rechts, und schon taucht inmitten der Felder eine farbenfrohe Insel auf. Je nach Jahreszeit empfängt sie die Besucher in weißer Blüte, üppigem Grün, kräftigem Pink oder zartem Lila. Herzlich willkommen im Mutter-Tochter-Garten von Elisabeth Imig und Silke Imig-Gerold, die ihre private Oase Jahr für Jahr so großzügig mit Hunderten von Besuchern teilen und mittlerweile fast schon Stammgäste in Gartenzeitschriften und grünen Fernsehshows sind.

Kaum zu glauben, dass hier einst schmuckloser Rasen und konventionelle Gemüsebeete den Ton angaben. Als Elisabeth 1966 in den Hof der Familie Imig einheiratete, führte ihre Schwiegermutter Regie. Für die junge Ehefrau, die das leidenschaftliche Gärtnern in den Genen hatte, war der karge Bauerngarten des neuen Zuhauses eine Geduldsprobe.

Tochter Silke ist mit dem Garten groß geworden. Kaum konnte sie laufen, da stiefelte sie im Frühjahr 1968 auch schon durch das frisch angelegte Blumenbeet (links). Ein Jahr später hielt sie im schicken Jäckchen nach den ersten Frühlingsblumen Ausschau.

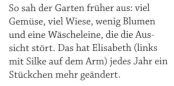

Zaghaft begann sie, in einer kleinen Ecke Ableger von Lieblingsblumen aus dem Garten der Eltern zu pflanzen. Von hier aus eroberte sie heimlich, still und leise Stück für Stück den fremden Boden und ließ ihre Blütenpracht Wurzeln treiben. Als ihr Mann 1985 viel zu früh starb, fand Elisabeth Imig Halt in der Natur. Sie gab die Landwirtschaft auf, schöpfte Kraft aus der Arbeit im Grünen, und mit der immer bunter werdenden Vielfalt vor ihrer Haustür blühte auch die Gärtnerin wieder auf.

So sah der Garten früher aus: viel Gemüse, viel Wiese, wenig Blumen und eine Wäscheleine, die die Aussicht stört. Das hat Elisabeth (links mit Silke auf dem Arm) jedes Jahr ein Stückchen mehr geändert.

Es wird! Beete und Wege hat Elisabeth angelegt. Wenn es um den Garten geht, ist sie in ihrem Element. Früher genauso wie heute. Die Schaufel ist ihr treuer Wegbegleiter.

»Mama ist ordentlicher.«

Erst als Silkes Sohn Jan-Derk schwimmen konnte, wurde der Gartenteich angelegt, in dem sich heute die Frösche breitmachen.

Im Einklang mit all den Frühlingsblühern, Rosen, Stauden und Bäumen wuchs auch die Mutter-Tochter-Beziehung. Tief verwurzelt ist die Verbundenheit von Elisabeth und Silke, die ein harmonisches Mehrgenerationenprojekt leben. Gemeinsam und doch eigenständig, das ist ihr Erfolgsrezept. Seit 1990 lebt die Tochter mit ihrer eigenen kleinen Familie im umgebauten Kuhstall. Hier hat sie den Tochtergarten angelegt, der sich nahtlos an das Idyll der Mutter anschmiegt. Man muss schon sehr genau hinschauen, um die unterschiedlichen Vorlieben zu erkennen. »Mama ist ordentlicher«, sagt Silke. »Und sie hat die Pflanzen, die mehr Arbeit machen.« Große Stauden zum Beispiel.

»Ich liebe hohe Pflanzen«, beschreibt Elisabeth ihren Gartenstil. Während sie viel mehr umpflanzt und die Blumen besonders üppig wachsen lässt, hat Silke das Händchen für die Deko. Mit Leidenschaft füllt sie Vasen und Schalen mit Blumen, Blüten, Blättern, Früchten und anderen Schönheiten der Natur. Und während ihre Kreationen den Tisch schmücken, sorgt Elisabeth dafür, dass Gesundes und Leckeres auf die Teller der Großfamilie kommt. Gegessen wird gemeinsam, am allerliebsten draußen mit Ausblick auf die Blumenpracht. Natürlich!

Der Blick aus dem Fenster zeigt Ende der 90er Jahre die Anfänge von Silkes Garten. Damals konnte man noch bis zur Straße schauen.

Wer auf der Terrasse sitzt, kann seinen Blick über das gut 3.000 Quadratmeter große Gartenglück schweifen lassen, das in den vergangenen vier Jahrzehnten gereift ist und immer mehr Schaulustige verzaubert. Die Besucher schätzen die außergewöhnliche Atmosphäre, die Mutter und Tochter in ihrem natürlichen Reich mit mehr als 100 Rosensorten und den vielen lauschigen Sitzplätzen geschaffen haben. Dieses Ambiente haben sie nicht nur mit Spaten und grünem Daumen erreicht. Gesät wurden hier vor allem drei Zutaten, die es in keinem Gartencenter zu kaufen gibt: Herzlichkeit,

Offenheit und Gastfreundschaft. Diese Gaben gedeihen im Mutter-Tochter-Garten ganz besonders reichhaltig. Hereinspaziert – schauen Sie doch selbst! Das besondere Flair ist nicht nur fühlbar, sondern auch sichtbar. Der niederrheinische Naturfotograf und Umweltschützer Hans Glader hat die Schönheit des Mutter-Tochter-Gartens in Bedburg-Hau ein ganzes Jahr lang mit seiner Kamera, viel Geduld, der passenden Technik und dem Gespür für die besten Motive und Momente eingefangen. Viel Freude bei der Bilderreise durch den Mutter-Tochter-Garten.

Die Natur erwacht

Jede Jahreszeit hat ihren Reiz. Sogar die
Winterpause genießen Mutter und Tochter.
Wenn sich die kalten Wochen dem Ende zuneigen,
meldet sich aber vor allem bei Elisabeth eine
kribbelnde Ungeduld. Der Garten ruft.

Die Lebensgeister der Natur kehren zurück. Und der Blick auf das Thermometer wird von Tag zu Tag wichtiger. »Sobald die Temperaturen im zweistelligen Bereich sind, müssen wir raus«, beschreibt Elisabeth Imig den Moment, wenn das Gartenjahr endlich wieder anläuft. Manchmal ist das bereits früh im Januar. Dann fängt sie vorsichtig mit den ersten Arbeiten an. Wohl wissend, dass der Winter noch in Sichtweite ist.

Es kommt nicht so häufig vor, dass der Rotkohl unter einer Schneedecke auf seinen Einsatz in der Küche wartet. Die weißen Flocken stehen dem Garten gut. Er hat auch im Winter Struktur, da im Herbst nur ganz wenig geschnitten wird.

Seite 18/19: Jetzt kommt Farbe ins Spiel: Wenn die Christrosen blühen, darf der Winter verabschiedet werden.

21

»Sobald die Temperaturen
im zweistelligen Bereich sind,
müssen wir raus.«

Trotzdem können an diesen ersten wärmeren Tagen des Jahres schon so einige Arbeiten erledigt werden. Stauden schneiden und Beete harken – das übernehmen die Frauen alleine. Silkes Bruder Jens hilft, die Berge von Schnittresten wegzukarren. Da kommt auf 3.000 Quadratmetern natürlich so einiges zusammen. Später im Frühjahr packt er dann auch

Nach dem Winter wird nicht nur viel geschnitten, es wird auch gepflanzt. Die Dahlien (unten) haben in Säcken im Keller überwintert.

»Damit die Böden nicht tulpenmüde werden, ziehe ich alle Zwiebeln in Töpfen vor. Sie überwintern in der Scheune und werden ohne Topf ins Beet gesetzt, wenn die Pflanzen etwa fünf Zentimeter aus der Erde ragen.«

Elisabeth Imig

Hier ruht der Frühling. Tulpen, Allium, Hyazinthen – schon bald werden sich die Zwiebeln in ein duftendes Blütenmeer verwandeln. Wie viel Arbeit das Pflanzen war, vergessen die Gärtnerinnen beim Anblick der Blumen schnell.

tatkräftig mit an, wenn es darum geht, den Boden umzugraben und Kompost aufzubringen.

Um alles andere kümmern sich Mutter und Tochter alleine. Das ist eine harmonische Angelegenheit, denn bei den wichtigsten Fragen sind sie sich einig. Zum Beispiel bei der Planung des Gartenjahres. Die gibt es nämlich gar nicht! »Wir kaufen, was das Angebot so hergibt«, sagt Silke Imig-Gerold. Über den Garten grübeln oder Beete auf dem Papier planen? Das liegt beiden überhaupt nicht. Bauchgefühl und spontane Entscheidungen gestalten den Mutter-Tochter-Garten. Einzige Ausnahme sind die Tulpen. Die suchen sie schon im August gemeinsam aus dem Katalog aus. »Da muss man schnell sein, sonst sind die besten ausverkauft.« Beim Einkauf dieser Frühblüher bleiben die Imigs seit vielen Jahren dem niederländischen Blumenhändler »Verberghe« treu, dessen Tulpen im Frühjahr zu Tausenden ihre Blüten im Garten in Bedburg-Hau entfalten. Wenn es so weit ist und die Tulpen mit ihrer Farbexplosion das Wintergrau verjagen, dann wird Elisabeth auch ihre extradicken Stiefel wieder gegen normale Arbeitsschuhe tauschen. Das ist ihr persönlicher Wendepunkt: Erst wenn die Füße nicht mehr kalt werden, geht das Gartenjahr so richtig los.

Bei den Schneeglöckchen (rechts) setzen die Imigs auf die altbewährte Sorte *Galanthus nivalis*. Einmal gepflanzt, säen sich die weißen Frühlingsboten aus und vermehren sich alleine. Auf dem Foto oben ist die immergrüne *Liriope* als schmucker Bodendecker zu sehen.

An alten Weidepfählen wachsen Rosen (links). Narzissen und Krokusse pflanzen Mutter und Tochter nicht nur ins Beet, sondern auch gerne in hübsche Töpfe.

Der Garten blüht auf

So sehen Frühlingsgefühle aus: Gelb, Rosa, Lila und saftiges Grün heben die Stimmung von Mutter und Tochter. Nach dem kargen Winter sehnen sie sich nach Farbe. In schlechten Jahren lässt die bis weit in den März auf sich warten. Und dann kommt endlich der Tag, an dem der Garten aufblüht. Lieblinge gibt es in dieser Jahreszeit nicht: »Wir freuen uns auf alle Blumen.«

Zu den ersten, die nach der langen Durststrecke das Grau des Winters mit vereinten Kräften vertreiben, gehören die Narzissen. Sie haben im Mutter-Tochter-Garten jedes Jahr im Frühling noch vor den Tulpen ihren großen Auftritt. Eine der frühen Sorten, die den kalten Temperaturen trotzen, ist die kleine Narzisse »Tête à Tête« in klassischem Gelb. Sie bekommt Gesellschaft von immer wieder neuen Sorten, die den Gärtnerinnen nicht nur durch ihre Farben, sondern auch durch unterschiedliche Düfte Freude bereiten. Da mittlerweile leider auch die Wühlmäuse auf den Geschmack gekommen sind, muss jedes Jahr im Herbst nachgepflanzt werden – damit sich die Obstwiese mit ihrer hübschen runden Holzbank im nächsten Frühjahr wieder in ein gelb-weißes Blütenmeer

Seite 32/33: Der gelbe »Hundszahn« (*Erythronium*) blüht schön früh, vermehrt sich gut und ist sehr pflegeleicht.

Seite 34/35: Hunderte von Narzissen geben dem Obstbaum mit der Rundbank im Frühling einen leuchtend gelben Rahmen. Hier blühen die Sorten »Geranium«, »Verger« und »Serola«.

verwandeln kann. Wenn die Narzissen ihre besten Tage hinter sich haben, muss Silke ran. Das Grün darf sich allein zurückziehen, aber die Blütenköpfe werden im Garten der Imigs stets abgeschnitten, damit die Pflanzen ihre Kraft behalten. »Mir ist das viel zu langweilig«, sagt Elisabeth. Zum Glück sind Mutter und Tochter in dieser Hinsicht sehr verschieden. »Für Silke ist diese Arbeit eine tolle Meditation.« Narzissen schneiden als Ausgleich zum Bürojob, herrlich entspannend! Wenn die Arbeit erledigt ist und die Frühlingssonne mitspielt, dann weihen Mutter und Tochter nach der Winterpause auch die vielen schönen Sitzplätze im Garten ein. So lassen sich die ersten frischen Pflanzen des Jahres aus den verschiedensten Blickwinkeln genießen. Neben den Narzissen und der bunten Tulpenpracht gehören dazu unter anderem auch die kleinen Vergissmeinnicht, frühe Stauden wie das rosa und blau blühende Lungenkraut, das Elisabeth »Adam & Eva« nennt, und der wunderschöne Zierlauch, der mit seinen violetten Blütenbällen den nahenden Sommer ankündigt.

Oben: Pünktlich zu Elisabeths Geburtstag im März blüht *Helleborus*, die Christrose. Bevor die Tulpen mit ihrer Blüte erfreuen, wartet noch Arbeit.

Unten: So sieht es aus, wenn die Töpfe aus dem Winterquartier kommen, damit sich die Blumen neben den Beeten akklimatisieren können.

»Hyazinthen verströmen den besten Frühlingsduft. Im ersten Jahr bleiben sie bei uns in den Töpfen, im zweiten Jahr dürfen sie ins Beet. Da werden sie etwas kleiner und verwildern.«

Elisabeth Imig

Nicht nur Mutter und Tochter lieben
das violett blühende Silberblatt *Lunaria*.
Auch Bienen und Schmetterlinge fliegen
auf den schmucken Begleiter der Tulpen.

offdff 40

>> *Andere machen teure Reisen, wir leisten uns die Blumen.* <<

Schade, der Pflanzen-Gast aus den Bergen Österreichs mit seinen zarten Blüten in Violett (ganz links) hat es am Niederrhein nicht geschafft. Nach einem Jahr ist die Blume verschwunden. Dafür erfreut die »Mertensia« mit ihrem tiefen Blau sehr verlässlich. Zwischen den Steinen füllen verschiedene Frühblüher die Lücken.

Holland lässt grüßen

Wer besonders schöne Tulpen sehen möchte, der muss nicht nach Amsterdam fahren. Tausende von Zwiebeln versenken Silke und Elisabeth jedes Jahr im Herbst in mühevoller Handarbeit in der Erde. Der Frühling belohnt sie dann mit einem rauschenden Tulpenfest in Lieblingsfarben. Das Geheimnis der Farbenpracht in ihrem Garten: Nach der Blüte werden die Tulpen wieder aus der Erde geholt. »Im zweiten Jahr sind sie einfach nicht mehr so schön«, erklärt Elisabeth, warum sie sich diese Arbeit macht und auch gerne Geld für das in der Regel nur sehr kurze Frühlingserlebnis ausgibt. »Das ist unser Hobby. Andere machen teure Reisen, wir leisten uns die Blumen.«

Es gab allerdings ein Jahr, in dem die Imigs Tulpen in Hülle und Fülle kostenlos pflanzen durften. 2011 hatte das Inter-

nationale Blumenzwiebelzentrum IBC den deutschen Garten für eine besondere Aktion ausgesucht. 15.000 Zwiebeln stellten die Blumenvermarkter aus dem Nachbarland gratis zur Verfügung. So hatten Mutter und Tochter plötzlich einen Mustergarten, der im Frühjahr der internationalen Fachpresse präsentiert wurde und ihr privates Grün in fernen Ländern bekannt machte. Eine prominente Gartenarchitektin aus den Niederlanden begleitete die Aktion.

»Ich hatte mir extra eine Woche Urlaub genommen, als wir die Zwiebeln gepflanzt haben«, erinnert sich Silke. Denn unter die Erde bringen mussten sie das Geschenk dann doch selbst. Eine Aktion, die bleibenden Eindruck hinterlassen hat. Sogar japanische Journalisten spazierten damals durch ihren Garten, um das holländische Tulpenspektakel in Bedburg-Hau zu bestaunen. Im Beet unter dem Kirschbaum knallten die Blumen in Rot, Orange und Gelb. Elisabeth lacht beim Gedanken an das besondere Blumenmeer, das den Gärtnerinnen einen Riesenspaß bereitet hat.

Die treuen Vergissmeinnicht mit ihrem himmlischen Blau dürfen den Tulpen zur Seite stehen. Unterschiedliche Blüten, Farben und Höhen bringen in dieser Kombination Spannung ins Beet.

TIPP

Richtig schöne **Tulpen** wachsen nicht von alleine. Im Garten Imig werden die holländischen Blumen jedes Jahr neu gepflanzt. Da die Erde in Elisabeths Beeten »tulpenmüde« war, macht sie es anders als Silke. Ihre Zwiebeln setzt sie im Herbst zunächst in Hunderte von kleinen Töpfen. »Wichtig ist, dass man dafür gute Blumenerde nimmt.« Und dass sich die Zwiebeln nicht berühren. Meist sind es etwa sieben Stück zusammen. Im Winter stehen sie in der Scheune und werden im Januar/Februar ein wenig gegossen. Wenn das Grün einige Zentimeter aus der Erde ragt, wandern die Tulpen im Frühling ohne Topf ins Beet. Nach der Blüte werden die Pflanzen wieder rausgezogen. Falls die Mäuse das nicht schon erledigt haben.

Rosige Aussichten

Die Rosen läuten den Sommer ein. Wenn die frühe Sorte »Maigold« ihrem Namen alle Ehre macht und die goldgelb schimmernden Köpfe tatsächlich schon im Mai entfaltet, dann beginnt eine ganz besondere Blütezeit. »Die Rosen und ihr Duft sind für uns der Ausdruck von Sommer und Sonne«, beschreibt Silke, wie die märchenhafte Blume den Mutter-Tochter-Garten jedes Jahr aufs Neue verzaubert.

osen haben eine sehr eigene Anziehungskraft. Keine andere Blume im Garten Imig regt zu so vielen Gesprächen an. Die Besucher schnuppern, staunen und stellen den Gärtnerinnen angesichts der weit mehr als hundert Sorten noch viel mehr Fragen. Dabei können die beiden zur Pflege gar nicht so viel Allgemeingültiges erzählen. »Das ist ein Ausprobieren, jeder Garten ist da anders«, sagt Elisabeth. Und manchmal wachsen die Rosen genau da besonders gut, wo man es laut Lehrbuch nicht erwartet hätte.

Ein gutes Beispiel dafür ist die historische Sorte »Mme Alfred Carrière«. Sie empfängt die Gäste ausgerechnet auf der Nordseite mit ihren wunderschönen Blüten in Perlmuttweiß und

Seite 48/49: Die Ramblerrose »Francis E. Lester« ziert den Rundbogen über dem Kiesweg und betört mit ihrem starken Duft. Das kleine Foto zeigt die reich gefüllte »Novalis« mit ihrem zarten Lavendelton.

Links: An Silkes Sitzplatz verbreiten sechs verschiedene, überwiegend englische Strauchrosen ihren angenehmen Duft.

Oben: Die Rose »Park Wilhelmshöhe« betört mit ihren pink-rosa-farbenen Blüten.

51

Zartrosa. »Ich dachte, da wächst nichts«, erzählt Elisabeth. Einen Sack Rosenerde kippte sie vor Jahren als Versuch auf den Aushub an der Hauswand und siehe da: Madame Carrière fühlte sich so wohl, dass sie sich prächtig entwickelte. »Rosen kann man gar nicht genug haben«, schwärmt Elisabeth für die Königin der Blumen, die sich im Garten Imig in Beeten, an Mauern, Zäunen, Bäumen und den vielen hübschen Pavillons breitmacht. Zu ihren Lieblingsexemplaren gehört die persische »Eyes for You«, die mit violettem Auge, rosafarbenen Blüten und einer Vorliebe für natürliche Standorte beeindruckt. Silkes Favorit ist schon länger die »Golden Celebration«, eine englische Rose, die mit ihrem außergewöhnlichen Kupferton glänzt. Eines der schönsten Komplimente, das Gartenbesucher Mutter und Tochter zur Rosenblüte gemacht haben, war übrigens dieses: »Sie brauchen für schöne Rosen nicht nach England fahren, hier ist England.«

Oben: Früh und lange blüht die »Mary Rose« in Silkes Rosenbeet. Dahinter
reihen sich die »Rhapsody in Blue« und die zartorange »Charles Austin« ein,
am Baum klettert das purpurne »Himmelsauge«.

Links: »Albertine«, die wunderschöne Duftrose, wird begleitet vom blauen
Rittersporn *Delphinium elatum*.

>>Geschnitten werden die Rosen erst im Frühling, wenn die Forsythien blühen. So können wir im Herbst und Winter den Anblick der Hagebutten genießen.<<

Elisabeth Imig

Schöne Blumen brauchen hübsche Namen: Hier schmücken »Pink Robusta«, »Leonardo da Vinci« und »Maria-theresia« das Beet. Erstere ist tatsächlich sehr unempfindlich.

Was für ein Genuss!

Die vielen lauschigen Sitzplätze verraten es: In diesem Garten wird nicht nur geackert. Da sind sich Mutter und Tochter absolut einig. Die beiden haben ihre Einstellung zur Arbeit im Grünen in drei klare Worte verpackt: »Lust statt Last.« Dass sie sich an dieses Gartenmotto auch wirklich halten, spürt jeder, der Elisabeth Imig und Silke Imig-Gerold schon einmal in ihrer blühenden Oase besucht hat. Zeit für ein Stück Kuchen auf der Sonnenterrasse oder ein Eis im Schatten der Obstbäume ist immer. »Wir machen uns für den Garten nicht kaputt«, sagt die Tochter. »Dafür genießen und feiern wir viel zu gerne.«

Geburtstagspartys im Garten haben Tradition, Silkes und Michaels Silberhochzeit wurde hier gefeiert, und 2017 suchte sich auch ihr Sohn Jan-Derk für seine Hochzeit mit Veronika Mamas und Omas Garten Eden als besten Ort für das Fotoshooting aus. Schließlich ist er hier draußen groß geworden. »Fast alle Kinderfotos, die wir von ihm haben, wurden im Garten aufgenommen.« Auf diese Weise wurde nicht nur die Entwicklung des Sohnes, sondern auch die Veränderung des Gartens fotografisch festgehalten. Diese lustige Entdeckung machte die Bräutigam-Mutter, als sie ein Album mit alten Bildern zur Hochzeit gestaltete.

Zur Rosenzeit lässt es sich im Garten besonders schön sitzen. Das genießen auch die Gäste, die hier zu den verschiedensten Anlässen Platz nehmen dürfen. Ein Grund zum Feiern findet sich immer. Mal sind es die Geburtstage, mal ist es der Hochzeitsumtrunk des Sohnes (links).

Oben: Die Ramblerrose »Paul's Himalayan Musk« klettert und blüht besonders schnell und stark. Erst in zartem Rosa, später sind die Blüten fast schon weiß.

Links: Darunter erklimmt in kräftigerem Farbton die stachellose »Zéphirine Drouhin« den Pavillon.

> »Ich gehe
>
> immer
>
> mit der Sonne.«

So viel wie möglich draußen sein – das ist für die beiden Gärtnerinnen das Allerschönste. Genießen, entspannen, dösen, lesen, Sonne tanken, Vögel beobachten, Blumen pflücken, Beete gestalten: Alles ist möglich. Manchmal spaziert Elisabeth schon am frühen Morgen zum ersten Mal im Nachtgewand durch den Garten und lässt sich später ihr zweites Frühstück auf der kleinen Bank vor dem Haus schmecken. Bei der Wahl ihrer Sitzplätze hat sie eine ganz einfache Regel: »Ich gehe immer mit der Sonne.« Ihre Tochter Silke liebt vor allem die Morgensonne. Die genießt sie zum Frischluft-Frühstück am weißen Gartentisch. Am Abend zum Glas Wein wird die Rundbank in der Obstwiese, mit Blick auf den Acker, genutzt.

Beide beherrschen sie die Kunst, den Blick nicht nur auf die unerledigten Arbeiten zu richten. Zu tun gibt es in einem so großen Kunstwerk der Natur freilich immer etwas.

Auch wenn ihr Name anderes vermuten lässt: Die »New Dawn« gehört zu den ältesten Rosen im Garten Imig. Seit vier Jahrzehnten darf die bis in den Herbst blühende Sorte hier klettern.

»Man muss sich einfach eine gewisse Lässigkeit bewahren.«
So formuliert die Tochter das Imig'sche Rezept gegen Gar-
tenstress. »Wir machen uns keine Bauchschmerzen über un-
seren Garten«, ergänzt Elisabeth. Das bedeutet zum Beispiel,
dass im Herbst nicht jedes heruntergefallene Blatt sofort
aufgesammelt wird. Im Gegenteil! »Wir lassen die Natur natürlich sein und bahnen uns erst einen Weg durch das Laub,
wenn wir nicht mehr durchkommen.«
Ihre entspannte Haltung hat sich auch im Umgang mit den
vielen Besuchern im Garten bewährt. Ja, natürlich, ganze
Busladungen voller Gäste bedeuten Arbeit. Aber Mutter und
Tochter halten es auch hier mit ihrem Wahlspruch »Lust statt
Last«. Sie freuen sich auf die Begegnungen und nehmen sich
gerne Zeit für Gespräche. Mittlerweile ist es an den Tagen
der »Offenen Gartenpforte« sogar zur Tradition geworden,
dass der »Abschluss-Kuchen«, der eigentlich als süße Beloh-
nung für die Familie gedacht war, nach getaner Arbeit zum
Ausklang mit den letzten Gästen geteilt wird. Genießen? Das
geht im Mutter-Tochter-Garten besonders gut gemeinsam.

Hier bezaubert »Mme Isaac Pereire« mit ihren großen
Blüten in leuchtendem Karmesin (oben). Links breitet
»Albertine« ihr üppiges Blütendach aus.

Oben: Die Märchenrose »Pomponella« blüht im Stil alter Rosen. Sie ist nicht nur schön, sondern auch robust.

Links: Die moderne Beetrose »Leonardo da Vinci« duftet kaum, beeindruckt aber mit ihren stark gefüllten Blüten.

Links: Die elegante Blüte der Strauchrose »Bremer Stadtmusikanten« setzt einen cremerosa Farbakzent im Garten.

Die Busse kommen

Geteilte Freude ist doppelte Freude. Die Imigs sind großzügige Gartenbesitzer, denn sie geben anderen ein Stück von ihrem Glück ab. Dafür nehmen sie gerne in Kauf, dass an einem ganz normalen Samstag oder Sonntag in der Saison mehr als 150 Menschen durch ihr privates Reich spazieren.

S. 66/67: Die ersten Busse kommen im Frühling zur Tulpenblüte. Mit ein bisschen Glück werden die Besucher von den Nachbarkühen begrüßt – typisch Niederrhein!

S. 68/69: Geduldig beantwortet Elisabeth die vielen Fragen zum Garten (links oben). Der Kaffee ist fertig! Auf der Sonnenterrasse wird mit den Gartenreisenden gemütlich geplaudert (rechts).

N eben den Besuchern der Offenen Gartenpforte gibt es immer wieder ganze Busgruppen, die sich zur Besichtigung anmelden. Drei Stück sind es an diesem Samstag, an dem sich der Niederrhein von seiner besten Seite zeigt. Sonne, Schönwetterwolken und eine sanfte Brise bei 25 Grad. Um 9.45 Uhr und 12 Uhr waren schon jeweils 50 Besucher im Garten an der Dr.-Franken-Straße, als es um 14.15 Uhr schon aus der Ferne hupt. Elisabeth, die gerade noch die Kissen auf den Bänken zurechtgerückt hat, eilt nach vorne. »Silke, sie kommen!« Auf die Reisegruppen aus dem Bergischen Land freuen sich Mutter und Tochter immer besonders. »Das müssen Sie erleben, da kommt jetzt die weltbeste Busfahrerin«, sagt Silke Imig-Gerold und winkt zur Begrüßung fröhlich mit beiden Armen. Heidi Spahn, die Dame auf dem Fahrersitz, parkt rückwärts ein als würde sie einen Mini lenken. Kurz darauf stehen die Gartenreisenden auch schon an der frischen Luft. Eine ganze Reihe von »Wiederholungstätern« ist dabei, die den Garten lieben und einfach zum Genießen kommen. Seit zehn Jahren lotst Kultur-Reiseführerin Lenore Schäfer Gruppen aus dem Bergischen Land nach Bedburg-Hau. »Es macht einfach Spaß, hierhin zu kommen. Man fühlt sich mit offenen Armen empfangen, so als würde man Freunde besuchen«, sagt die Reiseleiterin, nachdem sie Mutter und Tochter herzlich gedrückt hat. Auch Busfahrerin Heidi schwärmt: »Das ist einer der allerschönsten Gärten.« Später wird sie sich bis zur Weiterfahrt an einem lauschigen Plätzchen auf dem Liegestuhl sonnen, während die Reisenden die Gartenkultur genießen.

»Das ist einer der allerschönsten Gärten.«

»Herzlich willkommen zur Rosenblüte«, begrüßt Silke die Naturtouristen. Und dann läuft alles ganz unkompliziert – wie immer bei den Imigs. »Am besten starten wir hier bei Mama und gehen dann rüber in den neuen Garten zu mir.« Im Gänsemarsch setzt sich die Gruppe in Bewegung, um nach wenigen Schritten auch schon wieder zu stoppen. Diese Rosen! Dieser Duft! Und fast jeder hat Fragen. Viele Fragen. Wie heißt die dunkle Strauchrose? Welche Erde braucht die? Sind die Rosen wirklich gar nicht gespritzt? Und diese ist schon 40 Jahre alt? Welche eignen sich denn für schattige

Standorte? Wann müssen sie geschnitten werden? Wo bekommt man die besten Exemplare? Elisabeth beantwortet jede der Fragen mit Engelsgeduld. Sie kennt die mehr als 150 verschiedenen Sorten, die zu dieser Jahreszeit ihren Duft besonders intensiv verströmen, alle mit Namen. Rhapsody in Blue, Fairy, New Dawn. Viele haben englische Namen, aber nicht alle. »Das hier ist die Heilige Elisabeth, die habe ich geschenkt bekommen«, lacht sie über die dornige Namensvetterin und schiebt noch einen flotten Spruch hinterher. »Ich bin aber keine Heilige!« Die Besucher lachen. Im Mutter-Tochter-Garten wachsen nicht nur die Blumen außergewöhnlich schön, hier gedeihen auch Humor und Herzlichkeit ausgesprochen gut. Eine sympathische Mischung, die dem Duo seit der ersten Teilnahme an der Offenen Gartenpforte im Jahr 2005 viele, viele Besucher beschert.

Knapp zwei Stunden Zeit hat die Busgruppe aus dem Bergischen, bevor es weiter zum Spargelhof im Nachbarort geht. Längst haben sich die bunten Blusen und Hemden zwischen

Die Gäste lieben die vielen hübschen Details wie den von Stiefmütterchen umrankten Gartenzwerg am Gemüsebeet (links). Wer mag, darf es sich auf den vielen schönen Sitzplätzen bequem machen. Unter dem Quittenbaum zum Beispiel.

den Blüten des Junigartens gleichmäßig verteilt. Da gibt es die, die im Schatten des üppigen Kirschbaumes sitzen und sich das Erdbeereis schmecken lassen, das Silke Imig-Gerold verteilt hat. Andere nehmen lieber an der Kaffeetafel vor dem Haus Platz, freuen sich über den »Logenplatz« und genießen die Aussicht bis zum Horizont des Blütenmeeres. Es gibt auch die, die keine Ruhe finden, weil sie so viel wie möglich über die Pflanzen erfahren möchten. Helga und Wolfgang Knoche, die in Gummersbach einen kleinen Stadtgarten haben, folgen Elisabeth Imig auf Schritt und Tritt. Sie vergleichen Standorte, Rosensorten, Klimabedingungen, informieren sich über Schnitt und Pflege – und staunen: »Das ist wie im Bilderbuch hier.« Wenn doch nur nicht die Zeit begrenzt wäre. »Komm Helga, wir müssen doch noch alles sehen.« Sie kommen wieder, das steht für das Ehepaar fest, als sie den Gastgebern am Ende die Hände schütteln. Vielleicht im Spätsommer. »Der Septembergarten ist mein Lieblingsgarten«, verrät Elisabeth Imig.

Als die Gruppe wieder in den Bus steigt, ist das wie ein Abschied von guten Bekannten, mit denen man immerhin nicht nur über Rosensorten und die armen Dahlien geplaudert hat, die von den Schnecken verputzt wurden. Man hat auch sehr viel von sich erzählt, von der Hüftoperation, der Freude an Gartenarbeit, der Heimat im Bergischen. Silke Imig-Gerold spricht zum Abschied noch ins Mikrofon des Reisebusses, und als die weltbeste Busfahrerin zackig vom Hof rollt, winken Mutter und Tochter noch lange mit beiden Armen.

Im Garten Imig sitzt man überall in der ersten Reihe. Wenn das Wetter mitspielt, möchte so mancher Gast das blühende Paradies gar nicht mehr verlassen.

»O-Töne« von begeisterten Gartenbesuchern

Jedes Jahr plane ich für die Landfrauen aus meinem Ort eine »Gartenreise für einen Tag«, ein Wohlfühltag mit Gartengenuss für die Frauen. 2017 sind wir in dem traumhaften Mutter-Tochter-Garten von Silke Imig-Gerold und ihrer Mutter gelandet, und es war ein absoluter Gartenhöhepunkt für die Teilnehmerinnen. Der Garten war Anfang Juni auf dem Höhepunkt seiner Rosenblüte und bot einen Blütenrausch für Augen und Nasen. Selten wurden wir so herzlich empfangen und mit so viel Leidenschaft durch den Garten begleitet wie hier. Die Landfrauen nutzten ausgiebig die vielen Sitzplätze in versteckten Ecken, um die Gartenpracht auf sich wirken zu lassen. Zum Schluss hatte ich Mühe, sie wieder in den Bus zu lotsen. Auf dem Heimweg sagte eine Mitreisende: »Heute Abend zu Hause werde ich erst einmal die Rollläden runterlassen, um meinen Garten nicht sehen zu müssen.«

Jetzt steht bald schon wieder die nächste »Gartenreise für einen Tag« an, und ich werde immer noch auf diesen Gartentraum am Niederrhein angesprochen.

Cornelia Langreck
»Beetschwestern«

Durch meine beruflichen Reisen konnte ich den Garten schon mehrfach besuchen. Vor meinem ersten Mal hatte ich mich eingelesen: Besonders die Rosen wurden gerühmt! Ich kam an einem Tag Anfang Mai in den Garten – und fand ihn voller spätblühender langstieliger Tulpen. Zu meiner Freude, denn ich bin eher ein Tulpenmensch. Und wie herzlich war die Begrüßung durch die Gartenbesitzerinnen – als sei ich ein langjähriger Bekannter, der endlich wieder vorbeikommt. »Der Kaffee ist schon fertig«, sagte Silke Imig-Gerold. »Und Kekse gibt es auch.« Und die vielen Sitze und Plätze und Bänkchen! Wahrscheinlich habe ich bis heute noch nicht alle entdeckt.

Bei meinem Besuch im Sommer standen dann die Rosen in Blüte. Ein Genuss zum Schauen und Einatmen.

Ich bin schon voller Vorfreude auf meinen nächsten Besuch in diesem Garten am Niederrhein.

Ralf Herzmann

***Wer einen Spaten hat,
und einen Garten dazu,
kann Probleme und Sorgen jeden Tag begraben.***

Wenn man mit Elisabeth Imig oder ihrer Tochter Silke spricht, dann meint man, auf der Welt gäbe es keine Probleme. Egal, ob man mit einer Gruppe von zehn Damen oder einem Trupp von 50 vielfragenden Staudenliebhabern kommt – scheinbar Unmögliches wird möglich gemacht. Terminschwierigkeiten werden nach kurzer Überlegung beseitigt und mit der Frage abgeschlossen: »Wie üblich mit Kaffee und Gebäck?«
Auf meine schüchterne Frage, ob denn solche Extras nicht zu viel Zeit kosten würden, lautet Silkes Antwort dann kurz und ehrlich: »Ach, das passt schon.«
Im Garten lebt diese Ungezwungenheit fort. Der ehemalige Bauerngarten hat seinen klaren, gradlinigen Charakter im Wesentlichen behalten. Hier gibt es keine gekaufte Kreativität. Hier regieren die Pflanzen. Das Blütenmeer setzt im Frühjahr mit Tausenden von Blumenzwiebeln ein und dann wird – getreu dem Motto des Altmeisters der Staudengärtner Karl Förster – »durchgeblüht«.
Die Pflanzen stehen kräftig und gesund da. Wer Freude am Schönen hat, begeistert sich am wogenden Farbenspiel. Wer genauer hinschaut, entdeckt immer wieder neue Pflanzenschätze.
»Die roten Dahlien habe ich von einer Besucherin bekommen«, berichtet Mutter Elisabeth. »Ich notiere jede neue Pflanze in meinem Gartenbuch. Wollen Sie einen Ableger?«
Die Freude am Garten teilen, das leben die beiden Damen in Bedburg wie selbstverständlich. Auch in der Familie ist der Gartenfunke übergesprungen. »Nächste Woche muss ich noch meine 1.200 vorgezogenen Tulpen pflanzen. Aber das geht ja ganz schnell, mein Sohn hilft mir dabei«, berichtete Mutter Elisabeth mir auf einer Gartenmesse.
Auf so mancher Pflanzenmesse habe ich die beiden schon getroffen – und fast immer ist eine Gartenfreundin im Schlepptau. Apropos schleppen: So ganz ohne Pflanzentütchen kann man die Damen selten antreffen. Auf die Beute angesprochen, kommt dann die verschmitzte Antwort: »Ja, ich hatte da für den Rosengarten noch so eine Idee.«
Die Ideen werden am weiten Niederrhein wohl nicht so schnell ausgehen. Nun, wer Ideen hat und einen Spaten, der kann eben keine Sorgen und Probleme gebrauchen. Mein nächster Besuch ist schon geplant, ich habe da noch eine japanische Petersilie zu »entsorgen«, vielleicht findet sie ja auch irgendwo einen Platz in Imigs »Sanssouci«.

Christoph Laade
Laade Gartenreisen

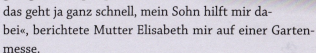

Der Mutter-Tochter-Garten von Elisabeth Imig und Silke Imig-Gerold macht süchtig. Und das liegt nicht nur am Garten, sondern auch an den Besitzerinnen, denn Elisabeth und Silke empfangen uns immer so herzlich, mit offenen Armen. Es ist jedes Mal so, als würden wir alte Freundinnen besuchen.

Und bei jedem Besuch hat sich wieder etwas verändert, ist ein Stück hinzugekommen oder es wurden Pflanzungen ausgetauscht. Jeder Termin ist lange im Voraus geplant, und es bleibt spannend, wie sich der Garten gerade an diesem Tag präsentieren wird. Sind die Tulpen noch in voller Pracht zu sehen oder war es im Frühling schon so warm, dass nur noch die Reste zu bewundern sind und längst Allium die Beete dominiert? Sind die Rosen schon üppig aufgeblüht oder werden wir nur die Knospen sehen? Mittlerweile bin ich seit 2009 ein Dutzend Mal mit insgesamt nahezu 600 Gartenbegeisterten in dieser wunderschönen grünen Oase gewesen. Im Frühling, im Sommer und im Herbst, meistens bei schönem Wetter, aber einmal auch im strömenden Regen. Wie ein Lindwurm zog dann eine Reihe bunter Regenschirme durch den Garten. Wann genießt man schon einen Garten im Regen? Für viele Teilnehmer war es ein ganz außergewöhnliches Erlebnis, das in schöner Erinnerung blieb, zumal es danach eine kuschelige Gesprächsrunde bei heißem Tee und Kaffee in der guten Stube von Silke Imig-Gerold gab und dort viele Tipps und Tricks ausgetauscht wurden.

Ich versuche immer, den Besuch im Mutter-Tochter-Garten für den Nachmittag zu planen und hoffe inständig auf Sonne. Gerade im Sommer liegt dann ein wunderbarer Rosenduft in der Luft. Ich liebe es, mir und meinen Mitreisenden Zeit zu geben, um den Garten in Ruhe zu erkunden, ihn zu erspüren, zu genießen. Mit einem Pott Kaffee oder Tee in der Hand hindurchzuschlendern und es sich in einer der Sitzecken gemütlich zu machen, ist einfach wunderbar. Meine Busfahrerin freut sich schon lange im Voraus auf ihre Ruhepause im Liegestuhl am Rande des Gartens mit dem weiten Blick über die Felder.

Ich hoffe, Elisabeth Imig und Silke Imig-Gerold noch oft besuchen zu dürfen, und ich wünsche ihnen vor allem gute Gesundheit, damit sie noch lange außer der Freude auch die Power für dieses Kleinod haben.

Lenore Schäfer
Landschaft und Geschichte e. V., Köln

*S*eit über 10 Jahren begeistert der Mutter-Tochter-Garten in Bedburg-Hau die Teilnehmer meiner Gartenfahrten. Wenn ich mit den Reisegruppen in der Region Niederrhein unterwegs bin, führt kein Weg an dem Garten der Familie Imig-Gerold vorbei. Immer wieder interessant ist die Grundidee der gesamten Gartenanlage und wie sie im Laufe der Jahre weiterentwickelt wurde. So gibt es jedes Mal etwas Neues zu entdecken. Man sieht auf den ersten Blick, mit wie viel Engagement und Passion der Garten gepflegt wird. Die herzliche Gastfreundschaft und das große Fachwissen der Gastgeberinnen werden von meinen Begleitern besonders geschätzt. Die saisonale Blumenpracht, die speziellen Pflanzenkombinationen und das gesamte Ambiente machen den Besuch zu einem echten Erlebnis für Gartenfreunde. Deshalb komme ich immer wieder gerne aus dem Münsterland hierher.

Beate Murek-Zwior
Gartenarchitektin und Fachreferentin

Foto: privat

Die ganze Farbpalette

Der Sommer hat im Mutter-Tochter-Garten natürlich nicht nur Rosen zu bieten. Die dornigen Schönheiten können ihre Hauptrolle nur deshalb so gut spielen, weil sie so viele hübsche Begleiter haben, die ihnen schmeichelnd zur Seite stehen. Das Schönste an dieser farbenfrohen Jahreszeit ist die enorme Vielfalt in den Blumenbeeten: ein Fest für die Sinne!

>>Wir lieben Farbe, aber es darf nicht zu bunt sein.<<

Wer genau hinschaut, dem fällt auf, dass die Farbpalette im sommerlichen Garten von Elisabeth und Silke zwar bunt, aber nie zu bunt ist. Die Indianernesseln auf Seite 78 gehören mit ihrem kräftigen Scharlachrot zu den Ausnahmetalenten im Beet. Denn knalliges Rot, kräftiges Orange und dominantes Gelb findet man hier eher selten. Die Damen lieben dezentere Farbkombinationen von zartem Rosé über sanftes Bordeaux bis hin zu leuchtendem Violett.

Pflanzen mit vielversprechenden Namen locken mit ihrer so unterschiedlichen Erscheinung. Fingerhut, Rittersporn, Fuchsschwanz, Sommerlilie, Schafgarbe oder Wiesenraute sind nur einige der vielen Sommerblüher. Auch beliebte Bauerngartenblumen wie Hortensien oder Stockrosen haben jetzt ihren großen Auftritt. Wie die meisten anderen Pflanzen auch, stehen sie immer zu mehreren Gleichgesinnten beisammen, um Eindruck zu schinden. Zu Elisabeths Favoriten gehört der blaue Rittersporn, den leider auch die Schnecken zum Fressen gern haben.

Seite 78: Ein bisschen Rot darf sein: Die elegante Indianernessel wächst sehr gut im Garten Imig.

Seite 79: Eine hübsche Farbkombination: Das gelbe Kreuzkraut »Ligularia« steht neben Taglilien und Rittersporn.

Oben: Von Juli bis Oktober zeigt die einjährige Spinnenblume
Cleome spinosa ihre pastellfarbenen Blüten. Elisabeth hat sie
selbst gesät, so werden die Pflanzen schöner.

Links: Knöterich, *Persicaria* und Dost stehen im Hochsommer
in üppiger Blüte.

Die imposante Staude, die den Gärtnerinnen sogar über den Kopf wachsen kann, braucht einiges an Zuneigung, belohnt aber mit ihrem überragenden Anblick.

Auch Grün ist übrigens eine Farbe. Eine sehr wichtige sogar, denn sie bildet den beruhigenden Kontrast zu all den bunten Sommertupfen im Garten. Die Grünpflanzen punkten mit Form und Struktur ihrer Blätter. Funkien, Storchschnabel, japanische Gräser oder der Frauenmantel, der mit seiner dezenten Blüte und den üppigen Blättern die Beete säumt – es gibt so viel zu sehen.

Die beliebten »Bauernhortensien« mit ihren bunten Blütenbällen gehören im Sommer dazu. Im Mutter-Tochter-Garten blühen sie in den verschiedensten Farbabstufungen.

Aus China und Tibet stammt Elisabeths Lieblingsblume *Thalictrum delavayi*. Die hochwüchsige Wiesenraute hat filigrane Blüten und zierliche Blättchen. (links)

EIN STRAUß GARTENGLÜCK

Aus dem Garten in die Vase: Die Leidenschaft für Blumenschmuck liegt Mutter und Tochter im Blut. Silke und Elisabeth holen sich die Schönheiten der Natur, wann immer es geht, ins Haus. Jeder Raum wird mit den Farben des Gartens geschmückt. »Wir haben sogar auf der Toilette Blumen«, sagt Silke und lacht. Das können Christrosen sein, die im Frühling zu den ersten Sträußen des Jahres gebunden werden. Oder duftende Rosen, die begleitet von Frauenmantel ein hübsches Bild abgeben. Eine besondere Rolle spielt der Rittersporn für Elisabeth auch in der Vase, denn den hatte sie einst in ihrem Brautstrauß.

» Es gibt so viele freudige Überraschungen hier. «

Gäste im Garten

Der Mutter-Tochter-Garten hat sich im Laufe der Jahre von der Familien-Oase zu einem Ort der Begegnung entwickelt. Menschen, Tiere, Sensationen! Silke und Elisabeth Imig müssen oft schmunzeln oder staunen, wenn sie an die kleinen und großen Geschichten denken, die sich in ihrem Garten schon abgespielt haben. Da sind nicht nur die vielen Hundert Besucher, die je nach Persönlichkeit neben ihren Fußabdrücken auch jede Menge spannende Eindrücke hinterlassen. Mutter und Tochter berichten auch von alten Schulfreunden und Verwandten, die plötzlich auftauchen, nachdem man sie seit Jahrzehnten nicht mehr gesehen hat. Der Garten führt zusammen.

Die Stockrose oder auch Stockmalve (links) macht der Herkunft des Gartens alle Ehre: Sie ist eine typische Pflanze in Bauerngärten.

Seite 87: Die hübsche Frauenbüste dekoriert Elisabeth je nach Jahreszeit um.

»Savoir-vivre« im Garten Imig. Nicht nur die Franzosen beherrschen die Lebenskunst, Genuss wird auch am Niederrhein kultiviert. Das weiß auch der französische Fotograf Philippe Perdereau zu schätzen, der regelmäßig mit seiner Kamera zu Besuch kommt und die Gastfreundschaft der Imigs genießt.

»Es gibt so viele freudige Überraschungen hier«, sagt Elisabeth Imig. Aus so mancher Begegnung ist sogar Freundschaft geworden. Dabei ist die Herzlichkeit der Gastgeberinnen so herrlich natürlich. Ein französischer Fotograf, der alle Jahre wieder im Mutter-Tochter-Garten die Natur im Licht des Sonnenaufgangs einfängt, gesellt sich nach getaner Arbeit gerne in aller Herrgottsfrühe zur Familie am Frühstückstisch. Was von Tochter Silke augenzwinkernd so kommentiert wird: »Er kennt inzwischen alle unsere Schlafgewänder.« Bleibenden Eindruck hat auch eine Besucherin mit ostpreußischem Dialekt hinterlassen, die einen famosen Tipp zur Wühlmausbekämpfung parat hatte. »Diese Anekdote muss unbedingt in unser Gartenbuch«, hat sich Elisabeth Imig gewünscht. Hier ist sie: Nach dem Tod ihres Mannes hatte die Besucherin in ihrem Treibhaus mit Wühlmäusen zu kämpfen. Bis sie eine Idee hatte. Sie hat ganz einfach die »janzen Schnapsreste ihres verstorbenen Mannes hineinjekippt. Und seitdem waren alle Mäuse wech«.

Zu den besonderen Gästen im Garten gehören auch Tiere. Elisabeth Imig ist nachhaltig beeindruckt von einem einmaligen Erlebnis im Zierapfelbaum. Mehrere Tage lang hatten sich hier im Januar etwa hundert Wacholderdrosseln niedergelassen und den Baum in einem spannenden Schauspiel der Natur leer gefuttert. Das waren nicht die einzigen Vögel, die besonders in Erinnerung geblieben sind. Eine tolle Erfahrung war auch, als Elisabeth mit 74 Jahren zum ersten Mal einen imposanten Kranichzug auf dem Weg in Richtung Osten beobachten konnte.

Kindheitserinnerungen weckt dagegen der Gesang der Lerchen, die seit einigen Jahren wieder im angrenzenden Feld aufsteigen. Und besonders treu sind die Hasen, die jedes Jahr ihren Nachwuchs im Garten zur Welt bringen. Die Jungtiere haben keine Angst vor den Besuchern. »Sie fühlen sich sichtlich wohl«, hat Silke Imig-Gerold beobachtet. »Irgendwann werden sie dann doch flügge und verlassen uns wieder.« Neuerdings gehören zu den tierischen Stammgästen auch Katzen. Nach dem Tod von Dackel Henry, der fast 15 Jahre alt wurde, traut sich sogar die Nachbarskatze in den Garten. Auch dieser Besuch ist verbunden mit einer netten kleinen Geschichte. Die Imigs tauften die Katze »Lucy«. Das Tier, das die Besucher gerne bei den Führungen begleitet, hört auf diesen Namen. Und das, obwohl ihre Besitzer sie eigentlich »Hedwig« nennen.

Kaum zu glauben, aber es gibt tatsächlich auch ungebetene Gäste im Mutter-Tochter-Garten. Dazu gehören Wühlmäuse und Nacktschnecken. Die Rehe aus dem nahe gelegenen Wald queren bislang nur den angrenzenden Acker und bleiben bis jetzt den Rosen fern. »Wenn die Rehe in den nicht eingezäunten Garten kommen, dann haben wir ein Problem«, sagt Silke.

Rotkehlchen und Buchfink fühlen sich im Garten wohl.

Eine Schwebfliege sammelt fleißig die Pollen des Patagonischen Eisenkrauts.

Nein, das Wasser wird hier nicht per Hand gepumpt. Den nicht ganz so schmucken Schlauch haben die Imigs hinter dem historischen Stück versteckt.

Links: Phlox wächst im Mutter-Tochter-Garten in Hülle und Fülle. Hier blüht er in einem besonders schönen Violett.

Späte Liebe – der Septembergarten

Abschied kann wunderschön sein. Wenn der Sommer so langsam Adieu sagt, blühen Mutter und Tochter noch einmal auf: »Der September ist unsere liebste Jahreszeit.« Silke mag vor allem den Geruch des Spätsommergartens. »Das hat etwas sehr Erdiges, wir riechen dann besonders intensiv, dass wir hier auf dem Land sind.«

E s gibt Blumenfreunde, die zieht es mehrmals pro Jahr nach Bedburg-Hau. »Ich erkenne den Garten nicht wieder«, staunt so mancher, der den natürlichen Verwandlungskünstler zu verschiedenen Jahreszeiten erlebt. Der September beschert mit seinem Tête-à-Tête von Dahlien und Astern nicht nur ein komplett anderes Blütenensemble als der Frühling mit seinen Tulpen oder der rosige Sommer. Auch das Licht sorgt für einen faszinierenden Stimmungs- und Farbwechsel. Silke sucht nach Worten, um dieses Erlebnis zu umschreiben. »Ich habe das Gefühl, der Garten knallt zum Abschied noch mal so richtig.«

Wenn die Tage dunkler werden, darf der Sonnenhut leuchten. »Ja, im September ist Gelb erlaubt«, sagt Elisabeth, die auf diese Farbe, mal abgesehen von den frühen Narzissen, ansonsten lieber verzichtet. Aber zwischen den eher gedeckten Tönen zum blühenden Finale vor dem Herbst machen sich die sonnigen Blütenköpfe richtig gut.

Während sich die Vögel und Insekten am prall gefüllten Zierapfelbaum laben, genießen die Imigs die letzten warmen Tage des Jahres im Freien. Nicht mehr lange, dann kommt noch einmal ein Schwung Arbeit auf die beiden Frauen zu. Bevor die geliebten Dahlien kalte Füße bekommen, müssen sie ins Winterquartier. Das heißt: Knollen ausgraben, in Säcke packen und bis zum nächsten Frühling in den Keller schleppen. Auf diese Weise bleiben die Dahlien hübsch und gesund. Die älteste der zahlreichen Sorten stammt noch aus dem Garten der Oma.

Seite 94/95: Mit knalligem Pink beeindruckt die Dahlie »Karma Lagoon«. Die Quitte darf bis zum Herbst ruhig noch ein bisschen wachsen.

Rechts: Der Fuchsschwanz *Amaranthus* gibt dem Garten im Spätsommer eine ganz besondere Farbnote. Mutter und Tochter haben das Gewächs »Rastalocke« getauft.

»Ich habe das Gefühl, der Garten knallt zum Abschied noch mal so richtig.«

Wie eine Seerose entfaltet die Dahlie »Karma Fuchsiana« ihre Blütenblätter (oben). Rechts klettert die Clematis »Minuet« mit ihren zweifarbigen Blüten am Rundbogen empor.

>>Wir sind nicht prominent,
wir sind nur bekannt.<<

Die Garten-Promis

Der Mutter-Tochter-Garten von Elisabeth und Silke ist so einzigartig, dass die Medien immer wieder über die grüne Oase in Bedburg-Hau berichten. Einen ganzen Wäschekorb voller Zeitungsartikel hat Silke Imig-Gerold gesammelt. Und mittlerweile braucht man schon zwei Hände, um abzuzählen, wie oft die beiden im Fernsehen waren. »Ach«, sagt Elisabeth und winkt ab. »Wir sind nicht prominent, wir sind nur bekannt.« Wie so vieles andere, nehmen Mutter und Tochter auch dieses Kapitel ihres Gartenlebens mit der Imig'schen Gelassenheit. »Nö«, sagt Silke. »Da machen wir uns keinen Stress, wenn das Fernsehen kommt. Wir sind halt, wie wir sind. Genauso wenig perfekt wie die Natur.«

Ob Stefan Pinnow mit seiner Sendung »Wunderschön«, das Team von »daheim+unterwegs«, Markus Phlippen mit dem »Ratgeber Haus+Garten« oder Fernsehkoch Horst Lichter und seine »Schnitzeljagd« – alle Besucher und Dreharbeiten im eigenen Garten haben die beiden Frauen genossen. Herrlich, wie entspannt Elisabeth mit Horst Lichter plaudert, scherzt und Frikadellen rollt. Und nicht nur das: Bei Gelegenheiten wie diesen erfüllt sie sich auch kleine Träume. Die leidenschaftliche Autofahrerin stieg vor laufender Kamera zuerst in den Beiwagen von Lichters Gefährt und durfte das Motorrad-Gespann später sogar ein kleines Stück selber steuern auf dem privaten Grundstück. Dabei verriet sie, dass

Prominente Gäste im Garten: Dreharbeiten mit Fernsehkoch Horst Lichter (oben), dessen Motorrad es Elisabeth besonders angetan hatte. Unten fachsimpelt die Gärtnerin mit Markus Phlippen für die Sendung »Ratgeber Haus+Garten«.

Den Hauptgewinn der Sendung »Der grüne Gaumen« haben Mutter und Tochter gemeinsam verjubelt. Von dem Preisgeld gönnten sie sich eine Gartenreise nach England – inklusive stürmischer Überfahrt auf der Fähre und Begegnung mit einem echten Lord auf einer Burg.

sie als junge Frau einst heimlich mit den Motorrädern von Gästen gefahren ist. Ohne Führerschein, versteht sich. Auch damit kann man einen Fernsehkoch beeindrucken. Am Ende war Horst Lichter nicht nur hin und weg von den Rezepten, sondern von der ganzen Köchin. Eine tolle Sendung!

Bleibenden Eindruck hat auch der Sechsteiler »Der grüne Gaumen« hinterlassen – eine Sendung, bei der sechs Gartenfreunde als Gastgeber gegeneinander antreten. 13 Drehtage bei großer Sommerhitze hat Elisabeth gemeistert und die anderen Teilnehmer so erfolgreich in ihrem Garten bewirtet und mit ihrem Charme verzaubert, dass sie das TV-Spektakel am Ende gewonnen hat. Den Geldpreis hat sie in eine fünftägige Gartenreise nach England investiert und natürlich ihre Silke mitgenommen. »Das war sooo toll«, schwärmt Elisabeth, die in ihrem Leben noch nicht so viel und weit gereist

ist. Als »Wassermensch« hatte sie sich vorgenommen, die Überfahrt nach England ganz besonders zu genießen. »Ich habe gesagt, dass ich von Calais bis Dover auf dem höchsten Punkt der Fähre stehen werde.« Gesagt, getan! Sturm hin oder her – die anderthalb Stunden Schiffsreise haben Mutter und Tochter im Freien genossen. »Es hätte uns wohl fast den Sekt aus der Hand geweht«, erinnert sich Elisabeth und lacht. »Aber wir haben das durchgezogen.« Natürlich! Was auch sonst? So sind sie, die zwei aus dem Mutter-Tochter-Garten.

TOMATENSUPPE MIT KOKOSMILCH

ZUTATEN:

2 EL Butter oder Öl
1 Zwiebel
1 Knoblauchzehe
1 walnussgroßes Stück Ingwer
1 Tetra-Packung stückige Tomaten
oder
4 dicke, vollreife Fleischtomaten
150 ml Kokosmilch
200 g Gemüsebrühe
Salz, Pfeffer, 1 gestr. TL Curry

ZUBEREITUNG:

1. Die geschnittene Zwiebel und die Knoblauchzehe in Butter leicht an-
dünsten.

2. Die Tomaten den Ingwer, die Kokosmilchbrühe und die Gewürze dazu-
geben und 10 Minuten köcheln lassen.

3. Anschließend pürieren und danach durch ein Sieb streichen. Einen
Klecks halbgeschlagene Sahne obendrauf geben.

MANGOLD-RÖLLCHEN MIT WEISSWEINSAUCE

ZUTATEN:

1 kg Mangold

100 g Möhren

1 Zwiebel

3 EL Butter

250 g frische rohe Bratwurstmasse

300 g Mett

2 EL Crème fraîche

2 Eier

1 Prise Salz und Pfeffer

½ TL abgeriebene Schale einer ungespritzten Zitrone

125 ml trockener Weißwein

125 ml süße Sahne

1 Spritzer Zitronensaft

Cayennepfeffer

ZUBEREITUNG:

1. Mangold putzen und die dicken Blattstiele bis zum Blattansatz entfernen, die Blattrippe flach schneiden. Blätter ganz kurz in kochendem Wasser blanchieren, damit sie geschmeidig werden. Dann sofort kalt abschrecken und auf einem Küchentuch abtropfen lassen.

2. Möhren und Zwiebel schälen und fein würfeln, Mangoldstiele fein würfeln.

3. Zwiebel in 1 EL Butter weich dünsten. Möhren und Mangoldstiele hinzufügen und ebenfalls weich dünsten. Das Gemüse abkühlen lassen.

4. Aus der Bratwurstmasse, Mett, Crème fraîche, Eiern und Gemüse einen Teig bereiten und mit Salz, Pfeffer und wenig abgeriebener Zitronenschale würzen.

5. Nun die Mangoldblätter auf der Arbeitsfläche ausbreiten. Auf jedes Blatt einen Esslöffel der Füllung geben und in das Mangoldblatt einwickeln. Mit einem festen Baumwollbindfaden zusammenbinden.

6. Restliche Butter in einem Bräter erhitzen und die Röllchen darin von allen Seiten anbraten. Mit Weißwein ablöschen und die Sahne angießen.

7. 30 Minuten garen.

8. Die Röllchen herausnehmen und auf einer vorgewärmten Platte anrichten.

9. Die Sauce aufschlagen, mit Salz, Pfeffer, Zitronensaft und ganz wenig Cayennepfeffer abschmecken und getrennt zu den Röllchen reichen.

APFELKUCHEN

(Das ist unser »Standard-Kuchen« zur Gravensteiner-Erntezeit!)

ZUTATEN:

etwa 400 g gefrorener Blätterteig
ca. 6–8 Äpfel (Gravensteiner)
4 EL Aprikosenkonfitüre

ZUBEREITUNG:

1. Die Blätterteigplatten auftauen
lassen und eine gefettete Quicheform (Durchmesser 30 cm) komplett damit auslegen. Alle Teigränder gut zusammendrücken.
2. Die Äpfel schälen, Kerngehäuse entfernen und in Achtel schneiden. Spiralförmig dicht an dicht auf den Blätterteig legen.
50–60 Minuten bei 200° C backen.
3. Die Aprikosenkonfitüre einmal aufkochen und sofort nach dem Backen auf den noch heißen Kuchen pinseln.
Tipp: Man kann den Kuchen kalt oder warm genießen.
Sehr lecker mit Sahne und/oder Vanilleeis!

Die Farben der Garten-Deko verraten es: Der Sommer neigt sich dem Ende zu. Eine Kette aus grünen Tomaten hat Elisabeth ihrer Frauenfigur gebastelt (links).

Herrlicher Herbst

Jetzt gibt es kein Zurück mehr. Wenn die Bäume und Sträucher ihre Früchte freiwillig hergeben und die Kürbisse im Gemüsebeet mit dem Abendrot am weiten Himmel des Niederrheins um die Wette leuchten, dann ist Herbst. Die pastellfarbenen Töne der spät blühenden Blumen weichen Stück für Stück dem Kastanienbraun, Hagebuttenrot und Apfelgrün.

*I*m Herbst hat Tochter Silke bei der Gartengestaltung den Hut auf. Sie liebt es, die Sitzplätze mit den Schätzen der Saison zu dekorieren. »Der Herbst ist eine Zeit der Fülle, da schmücken wir jedes freie Fleckchen.« Endlich kommen all die schönen Dinge zur Geltung, die sie von Trödelmärkten mitgebracht hat. Alte Weidekörbe, Zinkwannen, Schalen, verschnörkelte Laternen, Kerzenständer, kleine Skulpturen – alles wird in den Farben des Herbstes arrangiert. Ihr Lieblingsstück ist die alte Speichertreppe des einstigen Hofes, auf deren Stufen viel Platz für Schönes ist.

Erntedank wird bei den Imigs großgeschrieben. Das Glück, die Gaben der Natur genießen zu dürfen, spiegelt sich in üppig gefüllten Obstschalen wider, die wie kleine Altäre mit Opfergaben einen prominenten Platz im Garten bekommen. Wenn die Blätter fallen und das Wetter ungemütlich wird, ziehen sich die Gärtnerinnen immer öfter in die eigenen vier Wände zurück und reduzieren den Gartengenuss auf den Blick durchs Fenster. »Ich habe es gerne warm und gemütlich«, sagt Elisabeth. In die Winterpause kann sie sich aber noch nicht verabschieden. Denn: Nach der Blüte ist vor der Blüte. Und die kommt im Garten Imig nun mal nicht von alleine. Mit vereinten Kräften bringen Mutter und Tochter im Herbst noch die vielen Tausend Blumenzwiebeln unter die Erde, die ihre Lieblingsfarben in sich tragen. Die Arbeit lohnt sich, denn eines ist trotz der Launen der Natur sicher: Der nächste Frühling kommt ganz bestimmt!

S. 108/109: So farbenfroh beginnt der Herbst: Der gelbe Sonnenhut *Rudbeckia* gesellt sich zu Astern, *Persicaria* und der violetten Pompon-Dahlie.

S. 110/111: Zur Erntedankzeit wird der Garten mit Blumen und Früchten dekoriert.

Der Zierapfel (links) gibt einen herrlich roten Farbtupfer ins Gesamtbild. Oben blühen Pompon- und Kaktus-Dahlien, unten und rechts zeigen sich die Astern von ihrer schönsten Seite.

Auf ins Gemüsebeet

Man kann es den Wühlmäusen nicht verübeln, dass sie sich mit Vorliebe im Gemüsebeet tummeln. Schließlich hat Elisabeth Imig hier ein echtes Schlaraffenland geschaffen. Zwischen Erdbeeren, Salat und Stangenbohnen führt die Mutter Regie. »Da kommt bei mir einfach die Bäuerin durch.« Und wie! Selbst versorgen macht frei und glücklich. Es gibt kaum etwas, das nicht eingefroren, eingekocht, eingemacht oder sogar eingegraben wird. »Der Boden konserviert am besten.« Das erklärt die erfahrene Gemüsegärtnerin gerne auch den Gästen im Garten. Nach der Ernte vergräbt sie zum Beispiel den geliebten Sellerie, der nicht sofort verputzt wird, wieder in der Erde. Und wenn dann der Appetit auf das Gemüse

Oben und links: Die Tomaten tun sich
meist schwer im Garten Imig-Gerold. Diese
roten Exemplare stammen ausnahmsweise
mal aus einem guten Tomatenjahr.

Seite 114: Die Stangenbohnen fühlen sich
wohl im Gemüsebeet.

115

Sellerie, Porree, Grünkohl, Mangold – Elisabeth hegt und pflegt ihre Gemüse-schätze im Beet.

kommt, wird es auch außerhalb der Saison an den markier-ten Stellen einfach mal eben ausgegraben. »Ich will meinen Sellerie genau dann essen, wenn ich Lust darauf habe«, sagt Elisabeth energisch. Dabei scheut sie auch Gewaltanwen-dungen nicht: Ist die Erde im Winter gefroren, greift die Kö-chin zur Spitzhacke, um das Essen auf den Tisch zu bringen. Gemüse im Supermarkt kaufen? Das kommt für Elisabeth Imig nur in absoluten Notfällen infrage. Selbst bei Bio ist sie skeptisch. »Richtig sicher ist nur, was ich selber anpflanze.« Was in ihrem Beet wächst, ist Natur pur. Garantiert. Nicht mal Folien schützen das Gemüse. »Hier wird nichts abge-deckt, ich möchte kein Plastik in meinem Garten haben.« Und wenn etwas festgebunden werden muss, dann mit na-türlichen Schnüren aus Sisal. Da ist die Chefin der Gemüse-abteilung eigen.

Ganz ehrlich: Der lebenslustigen Gärtnerin mit den rosigen Wangen sieht man den Geburtsjahrgang 1943 beim besten Willen nicht an. Und es drängt sich der Verdacht auf, dass an dem Gerücht etwas dran sein könnte, dass Gemüse tatsäch-lich gesund ist. Elisabeth lacht. Mit ihrer Vorliebe für Grünes

hat sie die ganze Familie angesteckt. »Wenn wir nach Rezept kochen, dann verdoppeln wir meistens den Gemüseanteil.« Und Salat gehört sowieso immer dazu. Vom Beet auf den Tisch – frischer geht's nicht.

Feldsalat, Endivie, Porree, Mangold, Kartoffeln, Spinat, Bohnen, Tomaten, Zucchini. Vermutlich gibt es für jeden Buchstaben mindestens eine Obst- oder Gemüsesorte im Garten. Besonders beliebt ist die Nummer fünf des Alphabets: E wie Erdbeere. Wobei sich dieses süße Früchtchen im Wortschatz von Elisabeth Imig eigentlich bei S einreiht: »Senga Sengana«, so heißt die Lieblingssorte, der sie schon weit mehr als ein halbes Leben lang treu ist. »Die haben wir schon bestimmt seit 50 Jahren.« Stroh kommt Elisabeth übrigens nicht ins Erdbeerbeet. Denn die Sorte zeichnet sich dadurch aus, dass sie stark wächst und viele Ableger bildet. Das kann die Pflanze nur, wenn sie freie Bahn hat. Auf diesem Wege ist die Erdbeere mittlerweile so eine Art Familienmitglied geworden, denn neu gepflanzt wird stets der Nachwuchs der eigenen Pflanze.

Dass die ein oder andere Leckerei aus dem Gemüsebeet auch im Magen von Vögeln oder anderem Getier landet, damit muss sich die umweltbewusste Gärtnerin wohl oder übel abfinden. »Tja«, sagt Elisabeth Imig und zuckt mit den Schultern. »Ich habe mich mittlerweile sogar mit den Wühlmäusen arrangiert.« Zwangsläufig. »Bekämpfen kann ich sie nicht, also bekommen sie halt was ab.« Das ist wahre Gartenliebe.

Die Rosen sind längst verblüht. Hier stehen Elisabeth und Silke unter den Hagebutten von »Francis E. Lester«.

Links: Nicht mehr lange, dann hält der Winter Einzug. Bis dahin genießen die Gärtnerinnen ihr buntes Ensemble aus Herbstblumen. Logenplätze gibt es in den Beeten für Dahlien und Astern.

Zeit für den Winterschlaf

So schwer der Abschied von der geliebten
Gartensaison auch fällt: Eigentlich ist der Winter
eine geniale Erfindung. Er zwingt so unermüdliche
»Stehaufmännchen« wie Elisabeth und Silke zur
Ruhe. Das ist eine sehr gesunde Eigenschaft,
denn nicht nur die Natur braucht Pausen.

Wenn der Raureif die Pflanzen einhüllt, werden sie zu glitzernden Kunstwerken.
S. 120/121: Im Winter hat der Zierapfelbaum *Malus* seinen großen Auftritt, da er sogar bei Eiseskälte Farbe bekennt.

S. 123: Meist zeigt sich der Garten in der kalten Jahreszeit ohne schneeweiße Pracht. Gräser, immergrüne Pflanzen und Silkes Deko schmücken ihn dann.

»Früher hatten wir oft richtig viel Schnee.«

Auch Eisblumen haben ihren Reiz. Wenn sie an den Scheiben aufblühen, dann ist es höchste Zeit, den Garten aus einer neuen Perspektive zu erleben. Wozu hat so ein Haus denn Fenster? Natürlich, damit man nach draußen schauen kann! Das geht im Winter sogar viel besser als sonst. »Dann haben wir endlich freie Sicht über die Felder bis zum Wald«, freut sich Elisabeth. Weder die Blüten und Blätter des eigenen Gartens, noch Getreide oder Mais auf dem Acker nebenan bremsen das Gefühl von Weite. »Wir haben ja selber keine Zäune und lieben es, wenn uns auch die Natur mal diesen freien Blick erlaubt«, schwärmt Silke.

Die Tochter mag an der Gartenpause, dass sie mehr Zeit für die Familie und für Hobbys wie Sport, Kino, Konzerte oder Theater hat. Auch Mutter Elisabeth verlässt Haus und Hof in dieser Zeit häufiger, um zum Beispiel durch das nicht vorhandene Gartentor zu einer Runde um die Felder aufzubrechen. »Spazieren gehe ich eigentlich nur im Winter.«

Aber Elisabeth wäre nicht Elisabeth, wenn sie nicht auch in der Mußezeit eine ordentliche Beschäftigung finden würde. »Ich kann ganz hervorragend renovieren«, sagt sie und lacht. Wenn schon keine Blumen gepflanzt und Beete geharkt wer-

den, dann darf doch wohl wenigstens die Tapete erneuert oder der Türrahmen gestrichen werden. Und gekocht wird eh immer. Zum Glück hat die gelernte Bäuerin ihre essbaren Gartenschätze eingemacht und eingefroren, sodass eine gute Portion Frühling oder Sommer auf den Tisch kommt.

Von seiner schneeweißen Seite zeigt sich der Garten am Niederrhein übrigens immer seltener. »Früher hatten wir oft richtig viel Schnee«, erinnert sich Elisabeth. Heute freut sie sich, wenn wenigstens der Raureif den Bäumen und Sträuchern einen gezuckerten Anstrich gibt. Das steht auch dem tollen Zierapfelbaum mit seinen im Winter noch roten Früchten besonders gut. Aber schon bald wird sich auch dieser Farbtupfer verabschieden und Platz machen – für die Vorfreude auf den Frühling.

Trübe Jahreszeit? Von wegen! Mit dem richtigen Licht leuchtet der Garten auch im Winter.

125

DIE AUTORIN

Antonia Sonntag, Jahrgang 1972, ist eine Großstadtpflanze. Die Autorin blüht auf, wenn sie mit Stift und Papier in unbekannte Welten eintauchen darf. Sie liebt neue Eindrücke und persönliche Begegnungen.

An diesem Buch ist die Redakteurin einer Tageszeitung gewachsen. Die Erlebnisse im Mutter-Tochter-Garten haben ihren Horizont erweitert und tragen sogar Früchte im eigenen kleinen Schattengarten. Hier treibt auf wundersame Weise ein Ableger aus dem sonnenverwöhnten Garten Imig kräftige Wurzeln. Eine hoffentlich bleibende Erinnerung an zwei ganz besondere Menschen: Elisabeth Imig und Silke Imig-Gerold.

DER FOTOGRAF

Hans Glader arbeitet seit 1975 als Naturfotograf und ist Mitglied in der Gesellschaft Deutscher Tierfotografen. Seine Bilder erscheinen in zahlreichen Büchern, Zeitschriften und Kalendern im In- und Ausland. Auch in zwei Gartenbildbänden und einem Buch über die Rückkehr der Störche nach NRW (»Adebar ist wieder da!«), veröffentlicht im Mercator-Verlag, sind seine Fotos zu sehen.

2013 wurde Hans Glader das Verdienstkreuz am Bande der Bundesrepublik Deutschland für sein Engagement im Bereich des Naturschutzes verliehen. Zu seinen wichtigsten Projekten gehören die Errichtung des Naturschutzgebietes Dingdener Heide und die von ihm mitgegründete Stiftung Störche NRW.

OFFENER GARTEN

Wer Lust auf einen Besuch im Mutter-Tochter-Garten in Bedburg-Hau bekommen hat, findet alle Informationen auf der Internetseite des Gartens: www.imig-gerold.de.

Mutter und Tochter beteiligen sich seit vielen Jahren an den offiziellen Wochenenden der »Offenen Gartenpforte«, die Termine werden auf der Internetseite der Arbeitsgemeinschaft veröffentlicht (www.gaerten-kleverland.de). Auch Hunde sind übrigens willkommen. Und: Nach Absprache können individuelle Gruppenführungen gebucht werden. Telefonischer Kontakt: 02821/4 03 50.